JEUNES ÉPOUX,

Elevés dans la pratique de la piété et les habitudes de la vie chrétienne, que de fois vous avez, dès l'âge le plus tendre, feuilleté sur les genoux de vos mères les pages si touchantes de la Bible des anciens jours ! Alors, votre cœur s'ouvrait aux émotions, aux chagrins, aux espérances des Patriarches ; et je n'en doute pas, vous avez mêlé vos larmes aux larmes d'Isaac, inconsolable de la mort de sa bien aimée Sara, et souvent avec lui, vous avez erré dans la plaine, inquiets et soucieux, dans l'attente de la jeune épouse que lui donnait la Providence, la sage Rébecca. Cependant, laissez-moi vous le demander ? Avez-vous bien lu, avez-vous assez médité ce passage écrit sous la dictée de l'Esprit-Saint, et tout empreint d'espérance, de vérité, de délicate sensibilité : Isaac introduisit Rébecca dans la maison de Sara, et il conçut pour elle un si grand amour, qn'il vit *s'adoucir la douleur de la mort de sa mère* [1].

Qu'est--ce donc, jeunes époux, qu'est--ce que le mariage dans le plan divin, le mariage auquel, dès l'origine du monde, l'Eternel a présidé lui-même, pour que, soudain, il tarisse la source de larmes déjà

[1] *Genèse,* chap. xxiv, v. 67·

anciennes et tempère, adoucisse au cœur de l'homme la plus grande douleur qu'il puisse concevoir ?

Le comparerai-je à ces amours folâtres et passionnées nommées à si juste titre l'ivresse d'une âme en délire ? Combien de temps durent-t-elles, en effet, et que reste-t-il bientôt des émotions fébriles des sens, des élans et des protestations enflammées du cœur ?

Dans un cœur, malgré tout honnête, il reste un souvenir amer, le regret, le remords poignant peut-être : et, pour tous, dans l'âtre du foyer, un monceau de cendres, dernier vestige de lettres où deux infortunés se juraient un amour éternel et que, par dérision, le vent balaye et chasse devant lui.

Sans aucun doute, jeunes époux, l'amitié est un don du ciel, et, pour la célébrer, je chante l'hymne du prophète : « Heureux, mille fois heureux, l'homme « qui trouve un ami sincère, un ami fidèle ! Sa pos-« session est rare et l'emporte sur tous les biens de « ce monde. Il a trouvé un trésor ! »

Et cependant, si précieux que soit un ami, il n'est, malgré le charme et la délicate vérité de l'expression du poète, il n'est que la moitié d'une âme : *Dimidium animæ meæ.*

Mais l'amour dans le mariage, jeunes époux, emprunte quelque chose de l'éternité, de l'immuabilité de Dieu. Ce que le Ciel a uni, ni les événements de la terre, ni les dispositions des hommes ne sauraient l'atteindre, et, quoique dise la mort, il est au plus intime de l'âme une espérance : celle de se réunir au ciel dans des effusions de bonheur que Dieu seul connaît.

Son type, son modèle est l'amour immense que Jésus-Christ porte à l'Église, née de ses souffrances et de son sang. Aussi, voyez comme tout se confond chez des époux chrétiens ! Pareilles sont les espérances, identiques les vues, ineffable l'attachement, communes les souffrances et les joies. Ils ne pourraient se disjoindre sans se blesser eux-mêmes. Sous la main de Dieu, un prodige s'opère ; et, désormais, vous ne voyez plus qu'un seul être dans deux personnes différentes, une seule âme, une seule volonté, un seul cœur dans deux corps. *Quod Deus conjunxit homo non separet ; et nunc os ex ossibus meis ; et erunt duo in carne unâ.*

Toutefois, une condition, une seule importante par l'élévation des pensées et la volonté de Dieu, est nécessaire à l'accomplissement de ces mystères ; l'homme doit prendre femme, comme Adam au paradis terrestre, sous l'œil même de Dieu ; les époux, non moins empressés que les enfants de Cana, appelleront Jésus à leurs noces !

Le Dieu seul, en effet, Monsieur et Mademoiselle, dont la main puissante transforma une eau commune en un vin délicieux, peut opérer un miracle non moins étonnant: la transformation des âmes et des caractères ; inspirer à l'homme inconstant la fidélité, à la femme si sensible et, par conséquent, si mobile, la force de résister aux séductions du monde; et à tous deux le support des défauts inhérents à la nature humaine, sans lequel il y a bientôt lutte, déception, éloignement.

Aussi, combien je me réjouis aujourd'hui d'appeler sur vos têtes les bénédictions du Ciel : comme j'oserai affirmer à vos pères, à vos mères si émus, si inquiets de votre avenir, que vos jours seront toujours bons, que les espérances formées par leur amour ne seront point confondues !

Ce que Dieu a uni est inséparable, et là où Jésus passe il laisse la félicité et la paix. N'avez-vous pas prié Dieu de diriger le choix de vos cœurs ? Ne l'avez-vous pas consulté le premier quand il s'est agi de fixer vos destinées présentes ? Et hier, par la réception des sacrements, n'avez-vous pas demandé à ce Dieu la pureté de l'âme à laquelle sont attachées les promesses du temps et de l'éternité ?

Soyez donc bénis; mille fois bénis !

Pour vous, Mademoiselle, en quittant cette paroisse, emportez les souhaits de votre pasteur. Il ose vous dire qu'à ce moment il est l'interprète de la Bonne Notre-Dame de la Couture, que vous avez si tendrement aimée.

Il lui sera pénible de n'être plus témoin, dans ce sanctuaire, de votre piété et de votre recueillement; et, peut-être, il pourrait doucement reprocher à votre père et à votre mère de le priver, une seconde fois, de consolations qui lui faisaient oublier l'indifférence d'un grand nombre.

Mais quand bien même il voudrait résister à ses propres désirs, Marie le forcerait de prophétiser et de bénir. Ici même, Mademoiselle, Marie a vu grandir votre enfance ; aux jours de ses fêtes, Elle se réjouissait de vous rencontrer à la table de son Fils; ici, Elle recevait vos secrets ; Elle était la confidente de vos peines et de vos joies.

Aussi, voyez combien Marie vous aime. Par un bonheur ineffable, elle veut que la plus précieuse des bénédictions, celle que Dieu n'enveloppa jamais de ses anathèmes, la bénédiction nuptiale, vous fût donnée au dernier jour du mois consacré à son nom, aux pieds de l'autel où vous aimiez à épancher votre âme et à célébrer la grandeur de Notre-Dame.

Conservez cette bénédiction, jeunes époux, elle vous est commune ; par le mariage, ce qui tombe sur la tête de l'un rejaillit tout naturellement sur la tête de l'autre. Vivez donc ensemble sous l'œil de Marie; combattez sous son égide tutélaire. Travaillez et souffrez avec Elle; ayez toujours l'espérance au cœur ; car déjà ses mains vous tressent des couronnes pour l'éternité.

Ainsi soit-il !

Bernay ; paroisse de N.-D. de la Couture, 31 mai 1876.

Rouen. — Imp. de E. Cagniard.

148